MW00682958

Caballos de Fuerza/ Horsepower

Motos de nieve/ Snowmobiles

por/by Matt Doeden

Consultora de Lectura/Reading Consultant:
Barbara J. Fox
Especialista en Lectura/Reading Specialist
Universidad del Estado de Carolina del Norte/
North Carolina State University

Mankato, Minnesota

Blazers is published by Capstone Press,
151 Good Counsel Drive, P.O. Box 669, Mankato, Minnesota 56002.
www.capstonepress.com

Printed in the United States of America

Library of Congress Cataloging-in-Publication Data
Doeden, Matt.
[Snowmobiles. Spanish & English]
Motos de nieve/por Matt Doeden = Snowmobiles/by Matt Doeden.
p. cm.—(Blazers—caballos de fuerza = Blazers—horsepower)
Includes index.
ISBN-13: 978-0-7368-6638-5 (hardcover)
ISBN-10: 0-7368-6638-8 (hardcover)
1. Snowmobiling—Juvenile literature. 2. Snowmobiles—Juvenile literature.
I. Title: Snowmobiles. II. Title. III. Series: Blazers—caballos de fuerza.
GV856.5.D6418 2007
796.74—dc22 2006008504

Summary: Discusses snowmobiles, their main features, and how they are raced—in both English and Spanish.

Editorial Credits
Erika L. Shores, editor; Jason Knudson, set designer; Patrick D. Dentinger, book designer; Wanda Winch, photo researcher; Scott Thoms, photo editor; settingPace LLC, production services; Strictly Spanish, translation services

Photo Credits
Corbis/Duomo/Chris Trotman, cover
Getty Images Inc./Brian Bahr, 4–5, 7, 8–9, 25; Donald Miralle, 6, 16–17, 24
Linda Aksomitis, 12–13, 14–15, 19, 20–21, 22–23, 26–27, 28–29
Tomasoski Photography, 10–11, 18

1 2 3 4 5 6 11 10 09 08 07 06

Table of Contents

Tabla de contenidos

The Race/ La Carrera

Six snowmobiles take off from the starting line. Their engines whine as they race toward the first turn.

Seis motos de nieve arrancan en la línea de salida. Se escucha el chirrido de sus motores al avanzar hacia la primera curva.

ARCTIC CAT

The snowmobiles sail over a jump. A black snowmobile bursts into the lead. Soon a green snowmobile tries to pass.

Las motos de nieve vuelan después de dar un salto. Una moto de nieve negra toma la delantera. Pronto una moto de nieve verde trata de pasarla.

BLAZER FACT

In 1968, a group of explorers used snowmobiles to reach the North Pole.

DATO BLAZER

En 1968, un grupo de exploradores utilizó motos de nieve para llegar al Polo Norte.

The snowmobiles speed around the final turn. They fly over a jump, then cross the finish line. The green snowmobile wins by inches.

Las motos de nieve toman velozmente la curva final. Vuelan sobre un salto y atraviesan la meta. La moto de nieve verde gana por unas cuantas pulgadas.

Snowmobile Design/ Diseño de una moto de nieve

The frame is the main body of a snowmobile. A snowmobile needs a strong frame to land from high jumps.

El armazón es el cuerpo principal de una moto de nieve. Una moto de nieve necesita un armazón resistente para aterrizar después de un salto de gran altura.

Sno-thros
Zero Turns
SHOP
DOWN TOWN
EAGLE RIVER
Williams
Realty
MINOCQUA 715-356-9521
Pizza
Bobcat
ment Woodruff, WI 715-356-5156
POLARIS
AMSOIL
Synthetic Lubricants
25
TRAIL MARKERS
Millennium
Technologies

The engine turns wheels that move a track. The track has sharp bumps to grip snow and ice.

El motor hace girar ruedas que mueven una banda. La banda tiene protuberancias afiladas que se agarran a la nieve y al hielo.

Riders use handlebars to turn the skis. The skis slide over the snow.

Los pilotos usan los manubrios para girar los esquís. Los esquís se deslizan sobre la nieve.

BLAZER FACT

Polaris, Arctic Cat, Ski-Doo, and Yamaha make most snowmobiles.

DATO BLAZER

Polaris, Arctic Cat, Ski-Doo y Yamaha hacen la mayoría de las motos de nieve.

Handlebars/
Manubrios
Skis/
Esquís

Speeding Through Snow/ A toda velocidad por la nieve

The fastest snowmobiles can go more than 100 miles (160 kilometers) per hour.

Las motos de nieve más rápidas pueden ir a más de 100 millas (160 kilómetros) por hora.

WICKLES
71
RMR
ARCTIC CAT

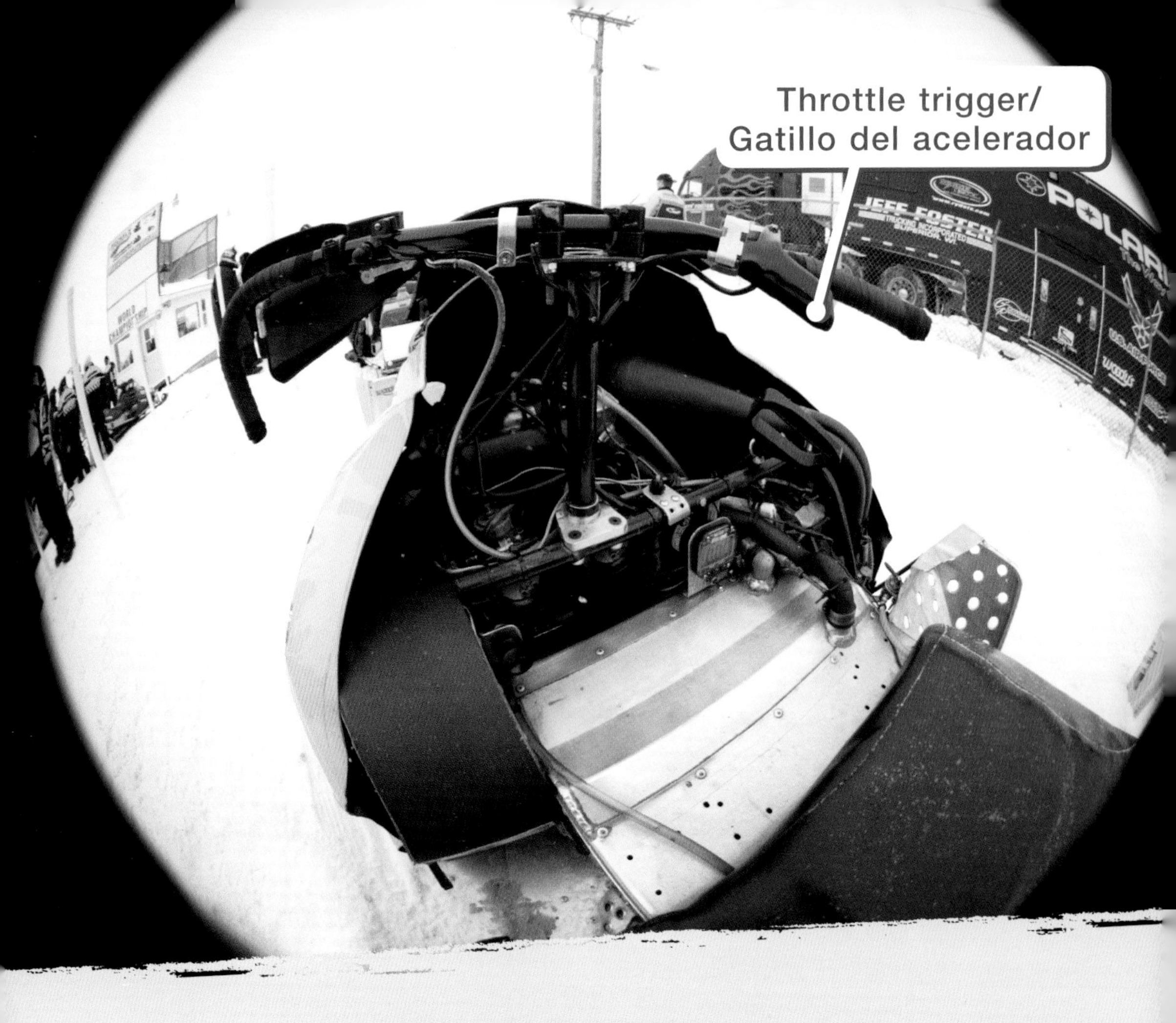

Riders use a throttle to control speed. To go faster, riders press a trigger on the handlebars.

Los pilotos usan un acelerador para controlar la velocidad. Para ir más rápido, presionan un gatillo en los manubrios.

DATO BLAZER

La velocidad más alta que se ha medido en una moto de nieve fue de 167 millas (269 kilómetros) por hora.

BLAZER FACT

The fastest measured snowmobile speed was 167 miles (269 kilometers) per hour.

Snowmobile Diagram/ Diagrama de una moto de nieve

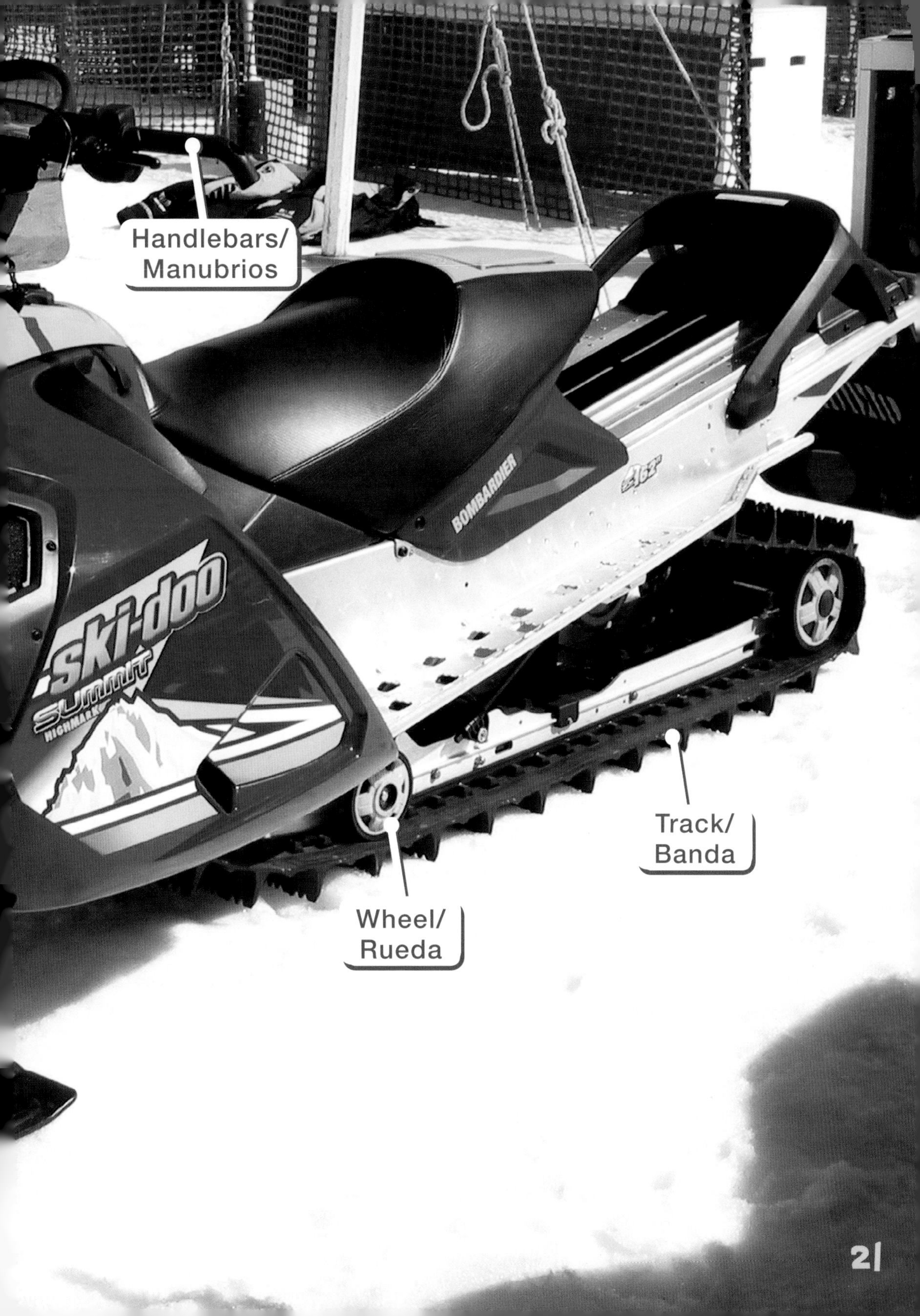
Handlebars/
Manubrios
ski-doo
SUMMIT
BOMBARDIER
Track/
Banda
Wheel/
Rueda

Snowmobiles in Action/Motos de nieve en acción

The most daring riders drive in snocross races. They race around sharp turns. They fly over hills and jumps.

Los pilotos más atrevidos compiten en carreras de *snocross.* Pasan a gran velocidad por curvas cerradas. Vuelan sobre colinas y saltos.

280

Snocross courses have big jumps. Racers sail over jumps and launch their snowmobiles into the air.

Los circuitos de *snocross* tienen grandes saltos. Los competidores vuelan en los saltos y lanzan sus motos de nieve al aire.

7C

Safety is important to snowmobile riders. They wear gloves and warm clothes. Helmets protect their heads during crashes.

La seguridad es importante para los pilotos de motos de nieve. Usan guantes y ropa abrigadora. El casco les protege la cabeza durante choques.

BLAZER FACT

In watercross races, snowmobile riders race across water.

DATO BLAZER

En las carreras de *watercross,* los pilotos de motos de nieve compiten pasando por agua.

413
ARCTIC CAT

Leaning into a Turn!/ ¡Se inclinan en la curva!

Glossary

frame—the main body of a snowmobile

snocross—a snowmobile race in which drivers speed around a course with tight turns and jumps

throttle—a lever that controls how much fuel and air flow into an engine; a rider presses the throttle trigger to speed up.

track—a long metal belt that runs around a snowmobile's wheels to grip snow and ice

trigger—a lever on a snowmobile's handlebars that controls the throttle

Internet Sites

FactHound offers a safe, fun way to find Internet sites related to this book. All of the sites on FactHound have been researched by our staff.

Here's how:

1. Visit *www.facthound.com*
2. Choose your grade level.
3. Type in this book ID **0736866388** for age-appropriate sites. You may also browse subjects by clicking on letters, or by clicking on pictures and words.
4. Click on the **Fetch It** button.

WWW.FACTHOUND.COM®

FactHound will fetch the best sites for you!

Glosario

el acelerador—una palanca que controla la cantidad de combustible y aire que entran a un motor; el piloto presiona el gatillo del acelerador para ir más rápido.

el armazón—el cuerpo principal de una moto de nieve

la banda—una banda metálica larga que corre alrededor de las ruedas de una moto de nieve para agarrarse a la nieve y al hielo

el gatillo—una palanca en los manubrios de una moto de nieve que controla el acelerador

snocross —una carrera de motos de nieve en la que los pilotos compiten en un circuito con curvas cerradas y saltos

Sitios de Internet

FactHound proporciona una manera divertida y segura de encontrar sitios de Internet relacionados con este libro. Nuestro personal ha investigado todos los sitios de FactHound. Es posible que los sitios no estén en español.

www.FactHound.com®

Se hace así:

1. Visita *www.facthound.com*
2. Elige tu grado escolar.
3. Introduce este código especial **0736866388** para ver sitios apropiados según tu edad, o usa una palabra relacionada con este libro para hacer una búsqueda general.
4. Haz clic en el botón **Fetch It.**

¡FactHound buscará los mejores sitios para ti!

Index

Índice